JN211925

自分でできる！
めざせ！

Google Workspace for Education マスター

マスター

② Google ドキュメント™、Google スライド™ ほか

監修　鈴谷大輔
埼玉県公立小学校教諭
NPO法人タイプティー代表

文　リブロワークス

絵　サナダシン

汐文社
ちょうぶんしゃ

はじめに

現在の小学校では一人に1台、ノートパソコンやタブレットなどの端末が配られています。その端末で、Google Workspace for Education（以下、Google Workspace）というサービスを使って授業を進めている学校が多くあります。

「自分でできる！　めざせ！　Google Workspace for Educationマスター」シリーズは、授業や学校生活で役立つGoogle Workspaceアプリの使い方について紹介します。

「② Google ドキュメント™、Google スライド™ ほか」では、タイトルのアプリに加えてGoogle スプレッドシートも扱うため、Google Workspaceアプリで文書や表などを作る方法を一通り確認できます。それらのファイルを作りたい場合は、ぜひこの本で手順を確認してみてください。

つまずきやすい操作も、画面の写真と一緒に一つ一つやさしく解説しているので、この本を読めば、Google Workspaceを使いこなせるようになるでしょう。

みなさんも、Google Workspaceマスターをめざして練習しましょう！

もくじ

この本の使い方

アプリのアイコン
どのアプリの説明か、アイコンを見て確認しましょう。

操作手順
番号順に操作しましょう。

結果
操作の結果を、黄色の背景の枠に示します。

ヒント
紹介したアプリの使い方のポイントや、注意が必要なことを確認しましょう。

チャレンジ
紹介したアプリが使えるようになったら、挑戦しましょう。

本書に掲載した会社名、プログラム名、システム名、サービス名等は一般に各社の商標または登録商標です。
本文中では™、®は必ずしも明記していません。
本書の内容は、2024年12月時点のものです。
サービス・ソフトウェアのアップデートに伴い、変更されることがあります。

ファイルの種類と作り方を学ぼう

Google Workspace には、文章を書いたり表を作ったりできるノートのようなアプリや、発表のときに使う資料を作れるアプリがあります。ここではアプリのそれぞれの特徴や、ファイルの作り方について紹介します。

ファイルの種類を確認しよう

ここでは、ファイルを作るアプリである**ドキュメント**、**スライド**、**スプレッドシート**のそれぞれの特徴を確認します。目的に合わせたアプリを選べるようになりましょう！

アプリの名前	アプリで作ったファイルの呼び方	できること
Google ドキュメント （以下、ドキュメント）	ドキュメント	文書を作成できる
Google スライド （以下、スライド）	プレゼンテーション	発表のときに使う、短い文章や写真・図を入れた資料を作成できる
Google スプレッドシート （以下、スプレッドシート）	スプレッドシート	表やグラフを作成できる

絵の感想を、
ドキュメントに
まとめてみよう。

私は夏休みの思い出を、
プレゼンテーションに
まとめて発表するよ。

僕はひまわりの
成長記録を表にしてみよう！

ファイルの作り方を確認しよう

　ここでは Google ドライブ（以下、ドライブ）というアプリからドキュメント、プレゼンテーション、スプレッドシートを作る方法を紹介します。ドライブを使うと、どのファイルもほとんど同じ方法で作ることができます。

❶ドライブを開く

❷「新規」をクリック

❸使いたいアプリをクリック。ここでは例として「Google ドキュメント」をクリック

使いたいアプリのタブが表示される

❹「無題のドキュメント」をクリックして、ファイルの名前を入力

❺ドライブのタブをクリック

❻「マイドライブ」をクリック

入力した名前のファイルが表示されたら成功！

ドキュメントを作ろう

ノートに文字を書いたり絵を描いたりするのと同じように、**ドキュメント**というアプリを使うと、タイピングしたり、見やすいように書式を設定したりして、感想や意見をまとめることができます。ドキュメントの使い方を確認してみましょう。

● マスターして、見やすいドキュメントを作ろう！

書式を設定しよう

書式には、文字の色や大きさを変えるテキストの書式と、段落の位置を変える段落の書式があります。書式の設定の方法を確認して、特に読んでもらいたい文字を目立たせたり、見やすいように段落の位置を整えたりしましょう！

> ドキュメントは
> 5ページを見ながら
> 作ってみよう！

● テキストの書式を設定しよう！

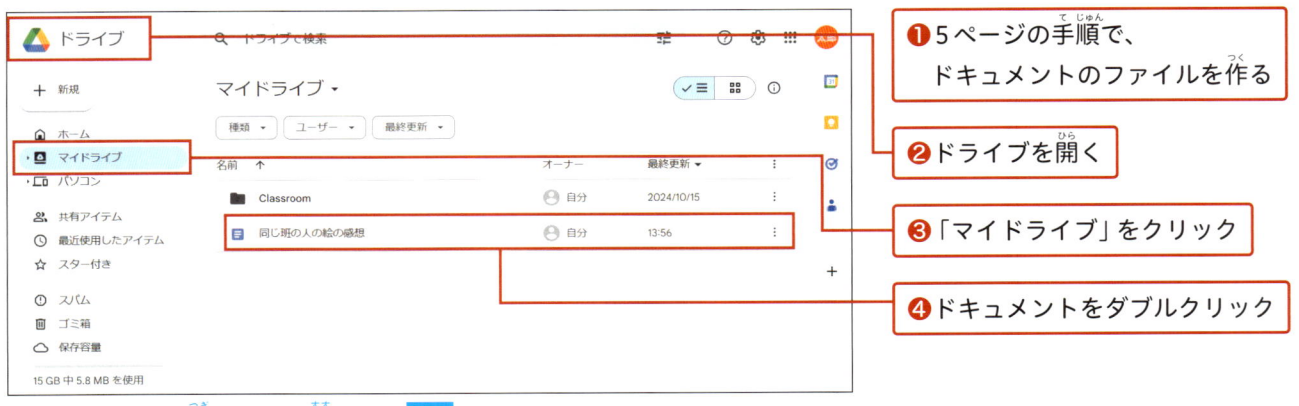

❶ 5ページの手順で、ドキュメントのファイルを作る

❷ ドライブを開く

❸ 「マイドライブ」をクリック

❹ ドキュメントをダブルクリック

次のページに進もう！

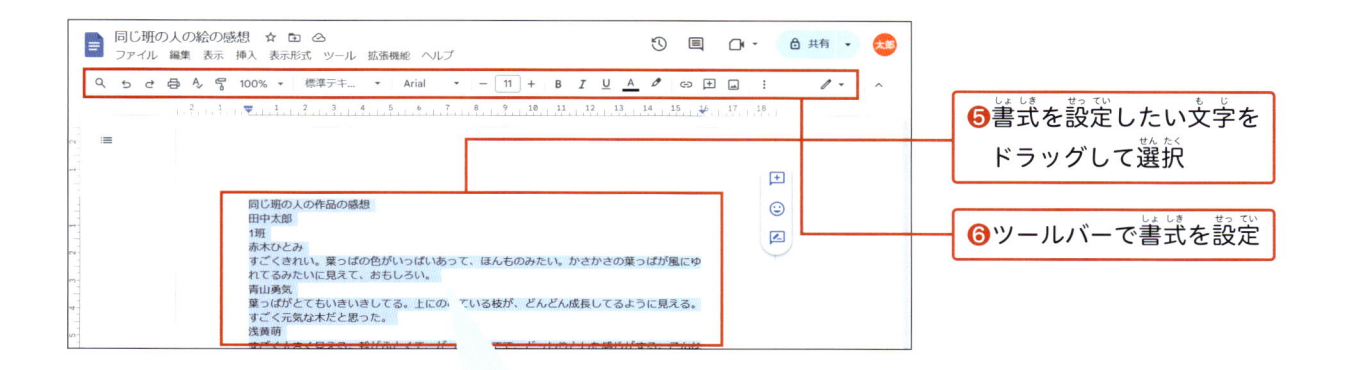

⑤書式を設定したい文字をドラッグして選択

⑥ツールバーで書式を設定

どんな書式があるか見てみよう！

●文字のイメージを変える「フォント」

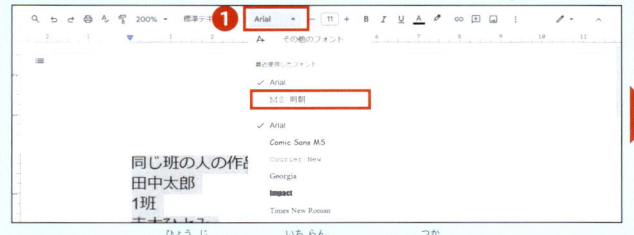

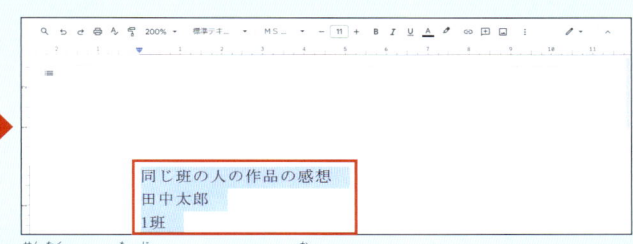

❶をクリック。表示された一覧のうち、使いたいフォントをクリック。

選択した文字のイメージが変わる。

●文字の大きさを変える「フォントサイズ」

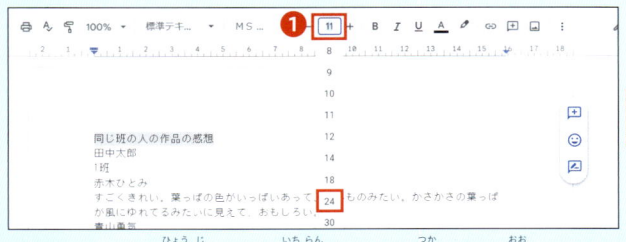

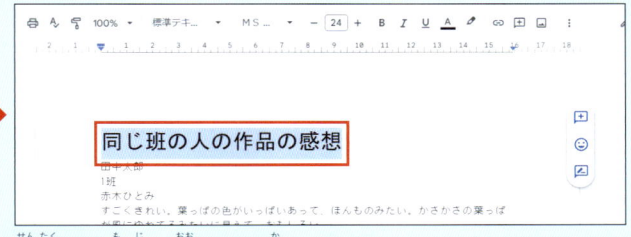

❶をクリック。表示された一覧のうち、使いたい大きさをクリック。

選択した文字の大きさが変わる。

●文字の色を変える「テキストの色」

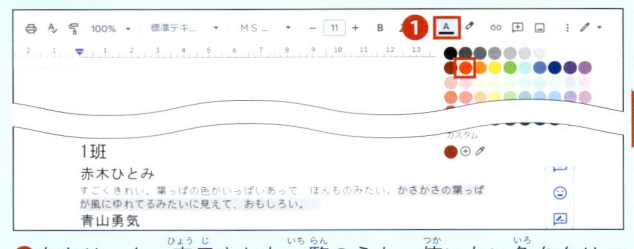

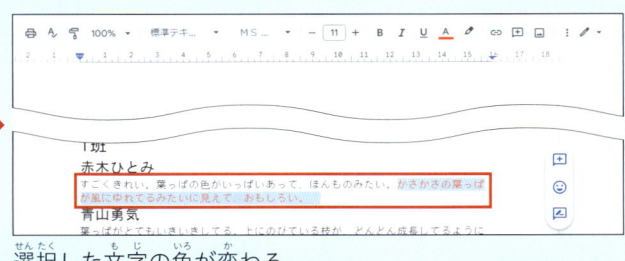

❶をクリック。表示された一覧のうち、使いたい色をクリック。

選択した文字の色が変わる。

● 段落の書式を設定しよう！

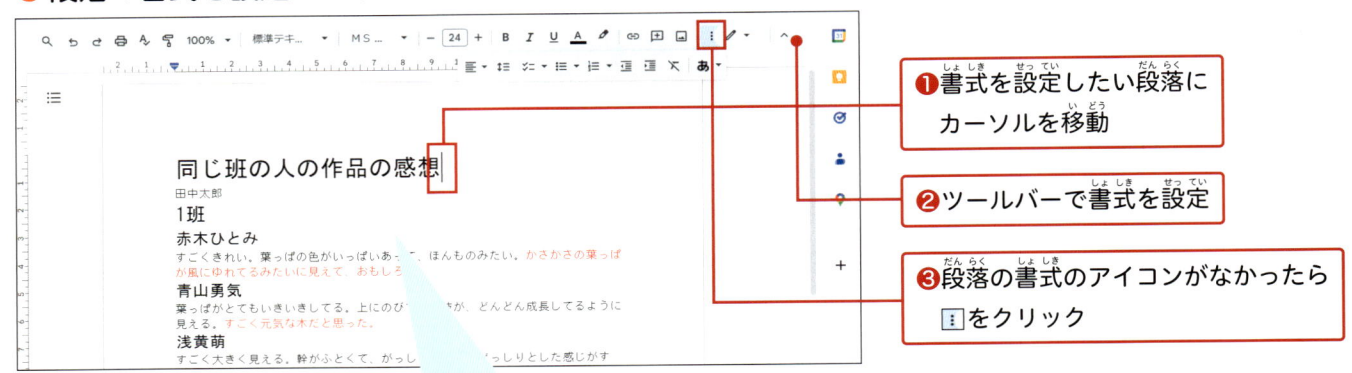

❶ 書式を設定したい段落にカーソルを移動

❷ ツールバーで書式を設定

❸ 段落の書式のアイコンがなかったら ⋮ をクリック

どんな書式があるか見てみよう！

● 段落の配置を変える「配置とインデント」

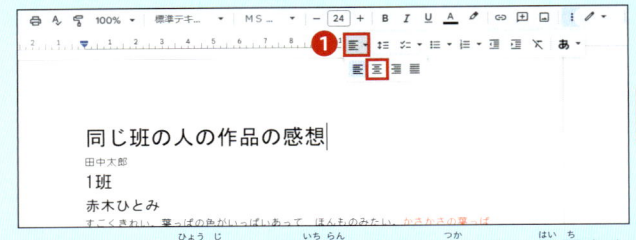
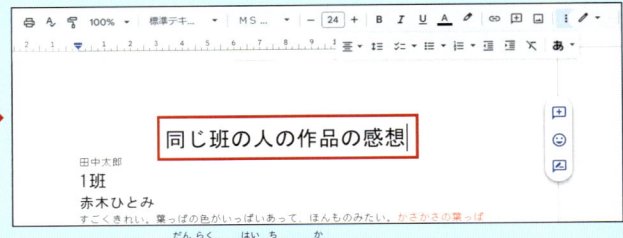

❶をクリック。表示された一覧のうち、使いたい配置をクリック。

カーソルがある段落の配置が変わる。

● 段落の先頭に記号を入れる「箇条書き」

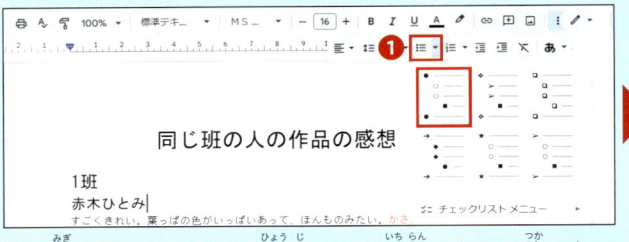
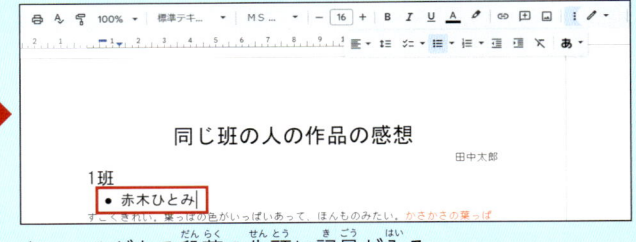

❶の右の▼をクリック。表示された一覧のうち、使いたい記号をクリック。

カーソルがある段落の先頭に記号が入る。

● 段落の先頭を一段下げる「インデント増」

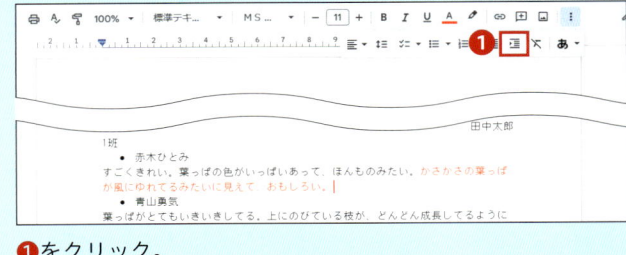
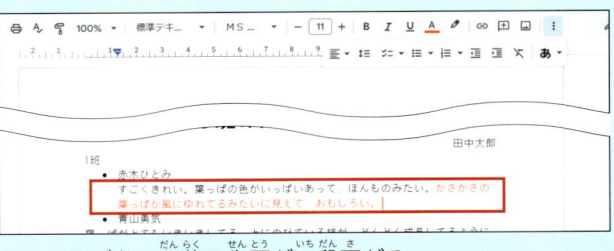

❶をクリック。

カーソルがある段落の先頭が一段下がる。

「コピー」と「貼り付け」という機能を組み合わせて使うと、選択した範囲の文章や写真をコピーして他の場所に貼り付けることができます。

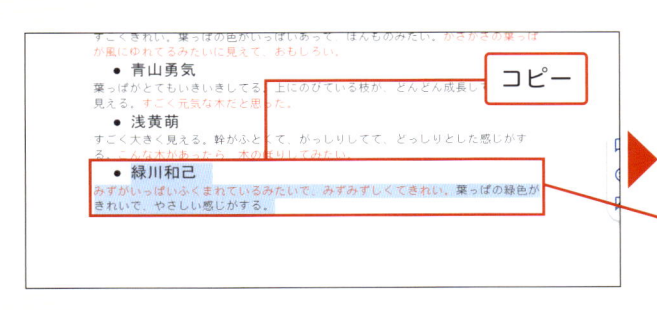

コピー

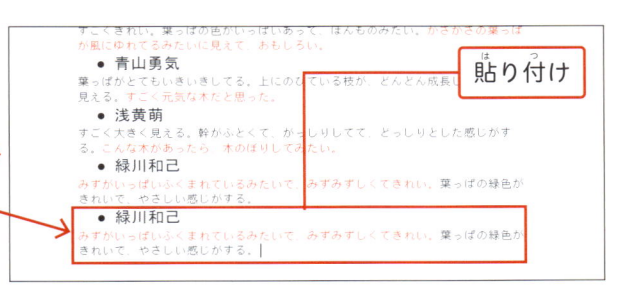

貼り付け

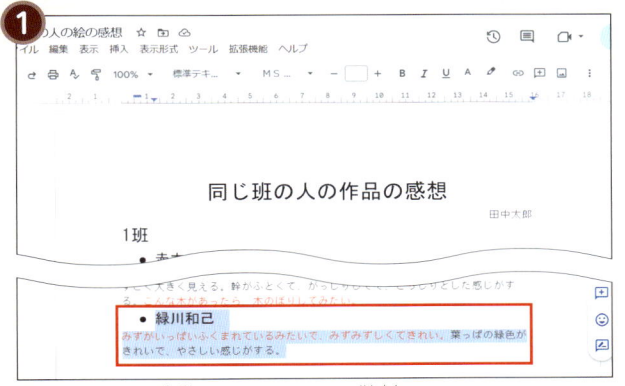

コピーしたい部分をドラッグして選択。

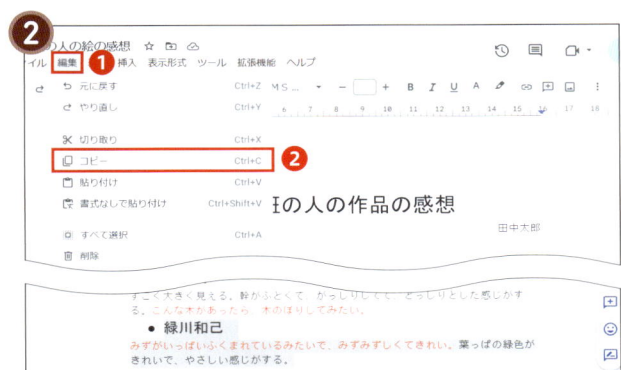

❶、❷の順にクリック。

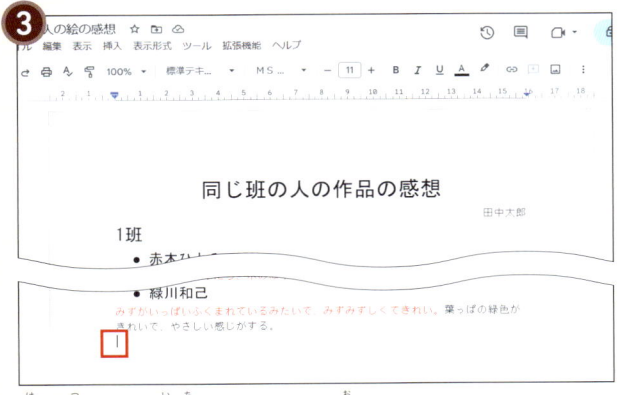

貼り付けたい位置にカーソルを置く。

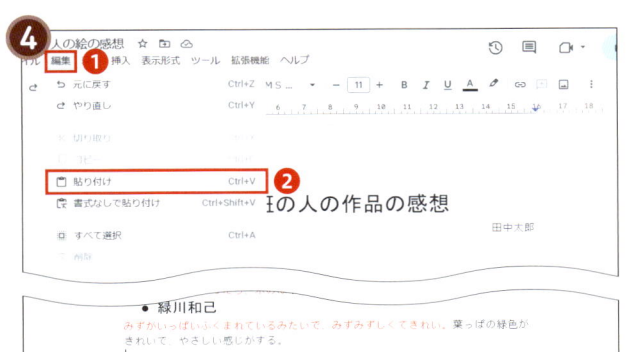

❶、❷の順にクリック。

タイピングし直さなくても
同じ文章を何度も
使えるんだね。

9

みんなで編集しよう

共有という機能を使うと、同じファイルを何人かで使うことができます。ここではファイルの中でも特にドキュメントに注目して、先生や友だちが共有したドキュメントにコメントを入れる方法と、編集する方法を紹介します。

共有されたファイルにコメントしてみよう

共有されたドキュメントのモードが「提案」または「編集」になっている場合は、ドキュメントにコメントを入れることができます。ここでは、モードが「提案」になっているか確認する方法と、コメントの入力方法を紹介します。

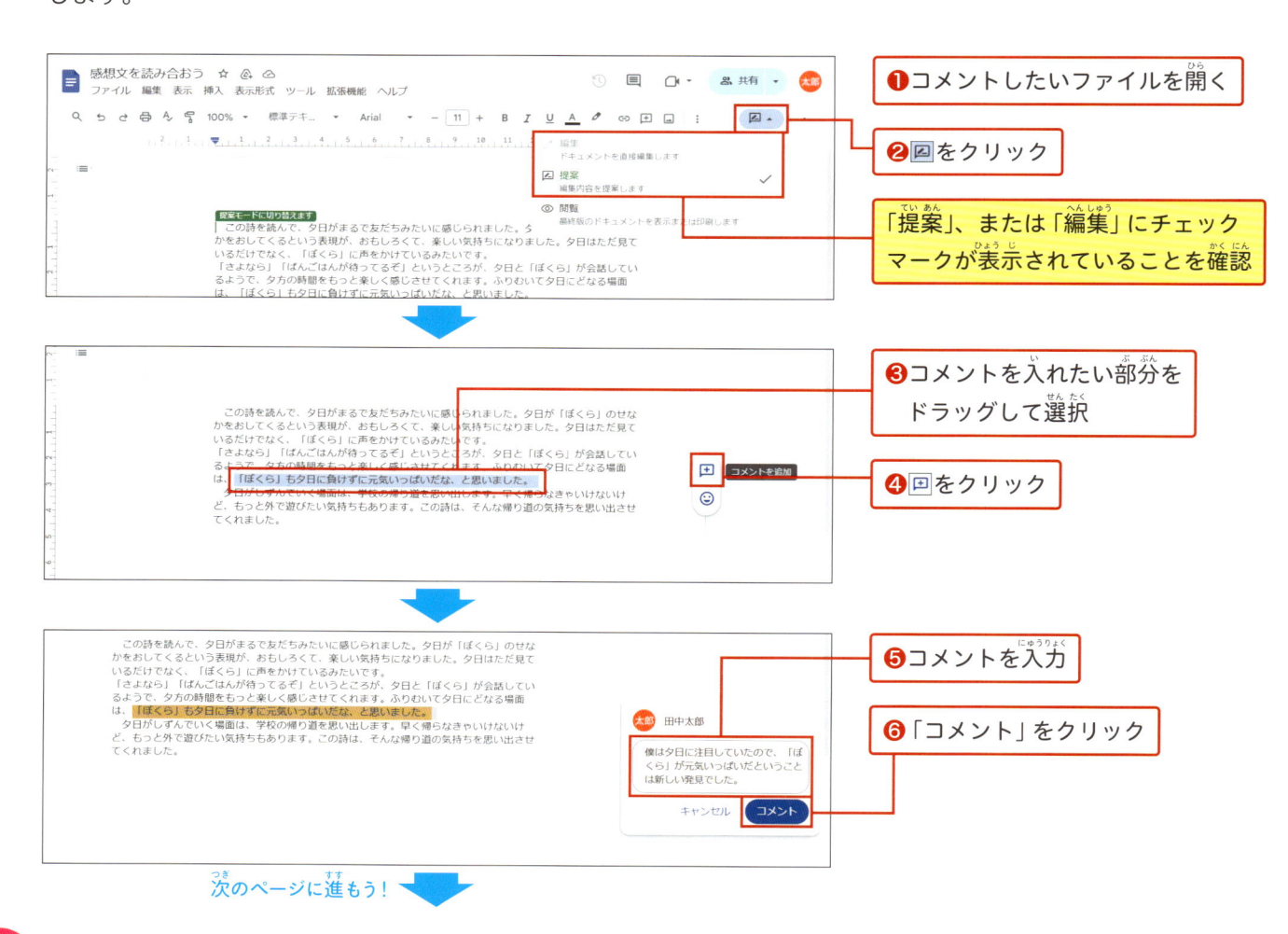

❶コメントしたいファイルを開く

❷ ✏ をクリック

「提案」、または「編集」にチェックマークが表示されていることを確認

❸コメントを入れたい部分をドラッグして選択

❹ 💬 をクリック

❺コメントを入力

❻「コメント」をクリック

次のページに進もう！

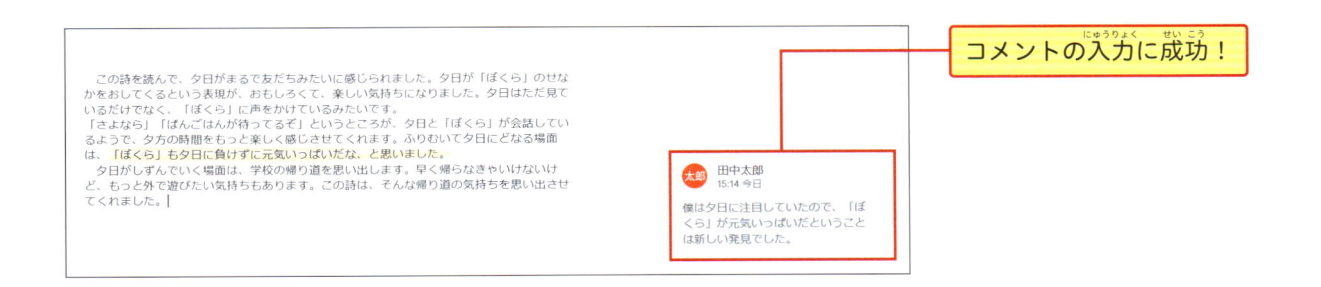

コメントの入力に成功！

共有されたファイルを編集してみよう

共有されたドキュメントのモードが「編集」になっている場合は、コメントだけではなく、書かれている文章を消したり、新しく入力したりできます。ここでは、モードが「編集」になっているか確認する方法を紹介します。

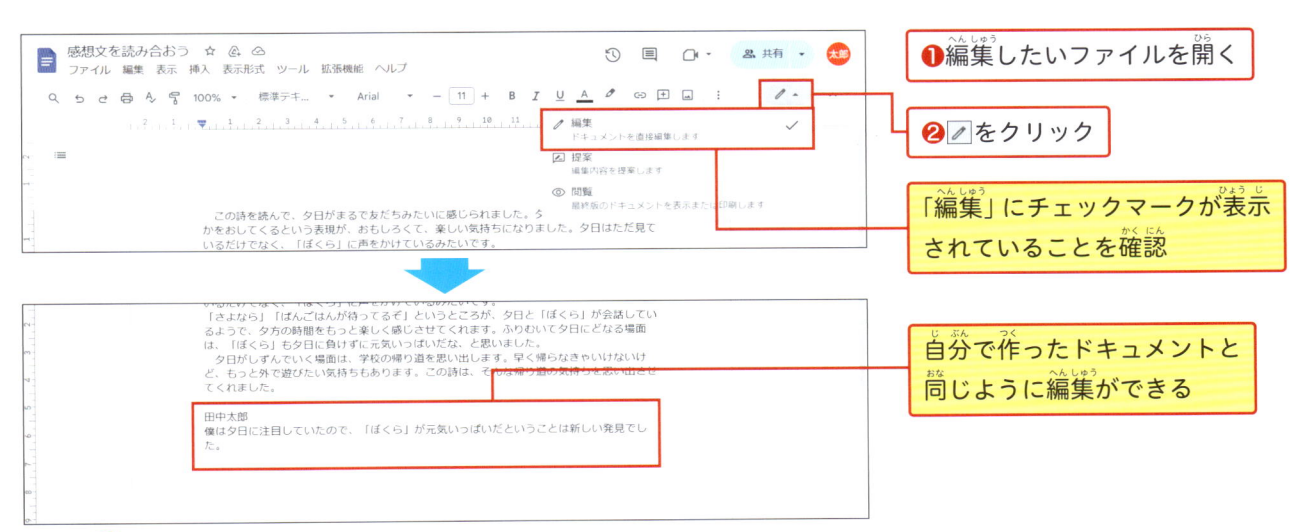

❶編集したいファイルを開く

❷✏️をクリック

「編集」にチェックマークが表示されていることを確認

自分で作ったドキュメントと同じように編集ができる

💡 ヒント モードが「閲覧」になっている場合の画面

共有されたドキュメントのモードが「閲覧」になっている場合は、ドキュメントを見ることができます。コメントや編集がしたいときは、共有した先生や友だちにアクセス権を設定してもらいましょう！

● モードが「閲覧」になっている場合の画面を確認しよう！

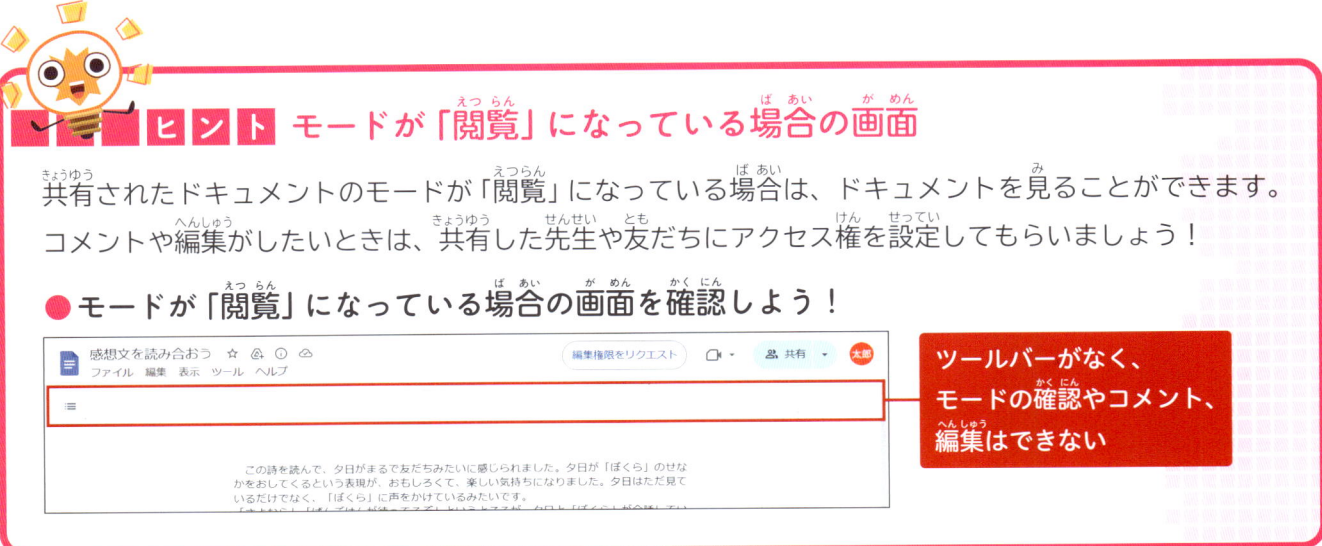

ツールバーがなく、モードの確認やコメント、編集はできない

プレゼンテーションを作ろう

スライドというアプリを使うと、絵や文字を使って発表のときに使う資料を作ることができます。資料の一枚一枚のページをスライド、まとめたものをプレゼンテーションと呼びます。プレゼンテーションを作って、自分の考えを発表してみましょう！

● マスターして、こんなプレゼンテーションを作ろう！

スライドを追加しよう

タイトルのスライドを入力して、発表内容を入力するスライドを追加しましょう！ 画面の左側にスライド一覧があり、ここからスライドを追加できます。

> プレゼンテーションは
> 5ページを見ながら
> 作ってみよう！

❶ 5ページの手順で、プレゼンテーションのファイルを作る

❷ ドライブを開く

❸「マイドライブ」をクリック

❹ プレゼンテーションをダブルクリック

次のページに進もう！

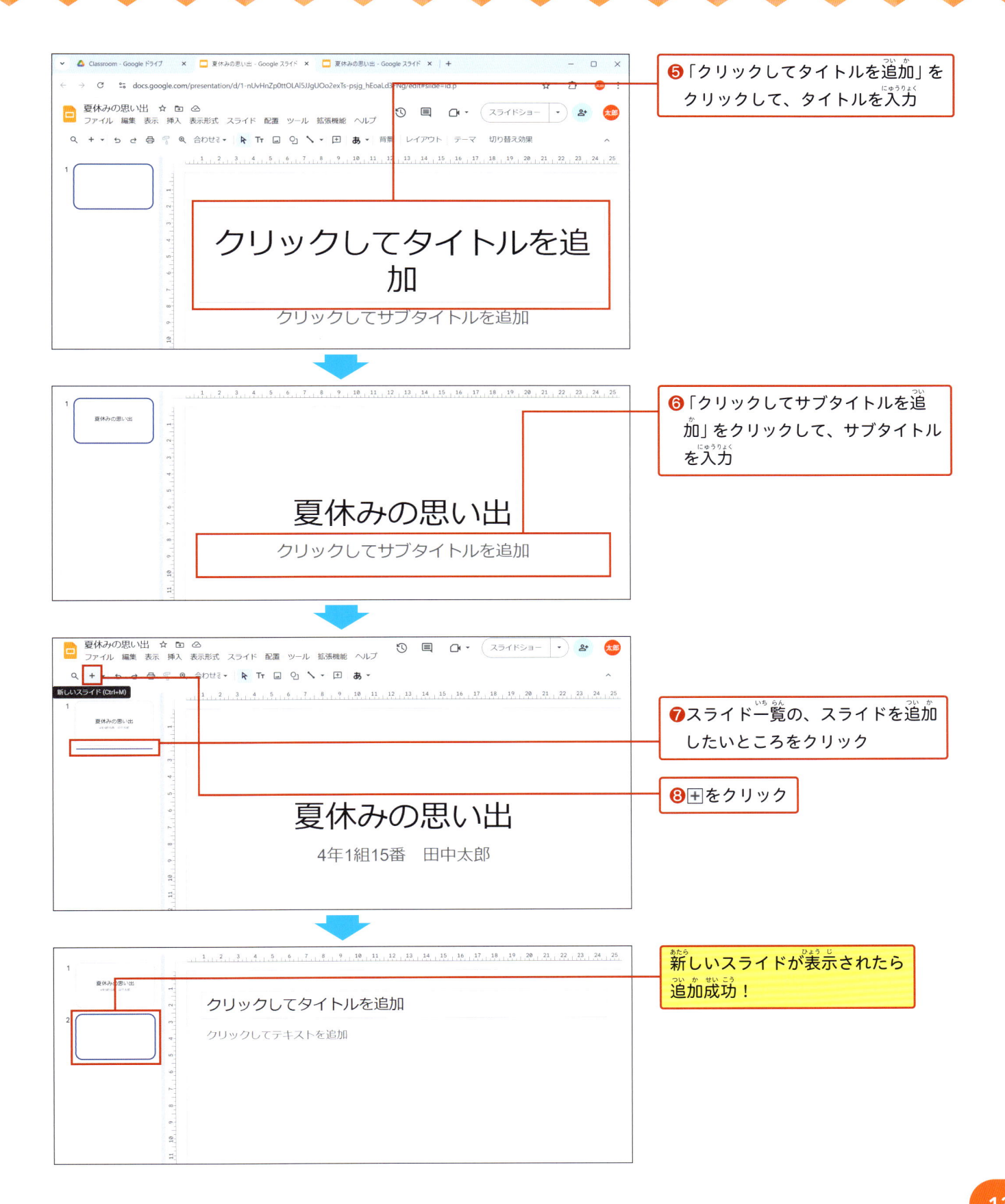

❺「クリックしてタイトルを追加」を
クリックして、タイトルを入力

❻「クリックしてサブタイトルを追
加」をクリックして、サブタイトル
を入力

❼スライド一覧の、スライドを追加
したいところをクリック

❽＋をクリック

新しいスライドが表示されたら
追加成功！

発表内容を入力しよう
（はっぴょうないよう　にゅうりょく）

　追加したスライドに、タイトルとテキストを入力してみましょう！ また、発表用の資料でよく使われる**箇条書き**と呼ばれる方法（短い文を並べた形で入力する方法）を紹介します。

● 文章だけのスライド

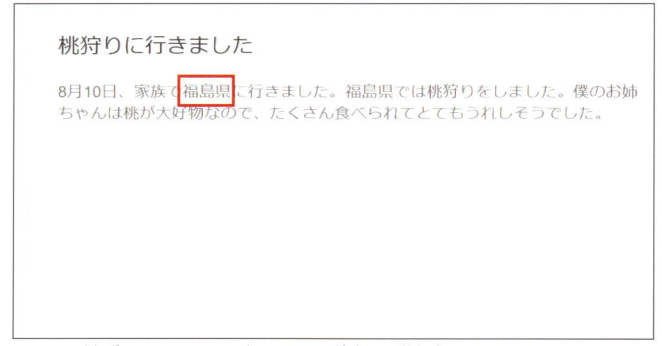

どこで桃狩りをしたか知りたい場合、文章だけのスライドでは、初めから読む必要がある。

● 箇条書きを使ったスライド

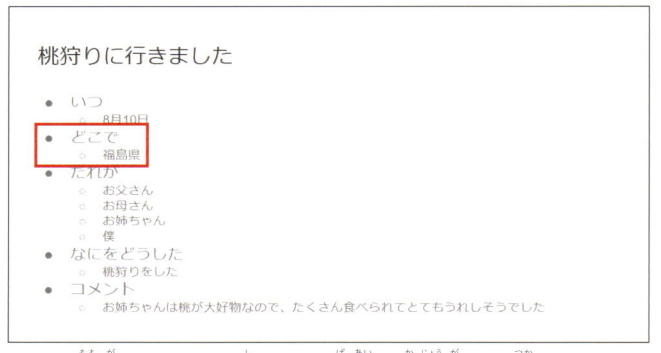

どこで桃狩りをしたか知りたい場合、箇条書きを使ったスライドでは、「どこで」の部分を見るだけでわかる。

● タイトルとテキストの入力方法を確認しよう！

❶ スライドを追加

❷「クリックしてタイトルを追加」をクリックして、タイトルを入力

❸「クリックしてテキストを追加」をクリックして、テキストを入力

● 箇条書きの入力方法を確認しよう！

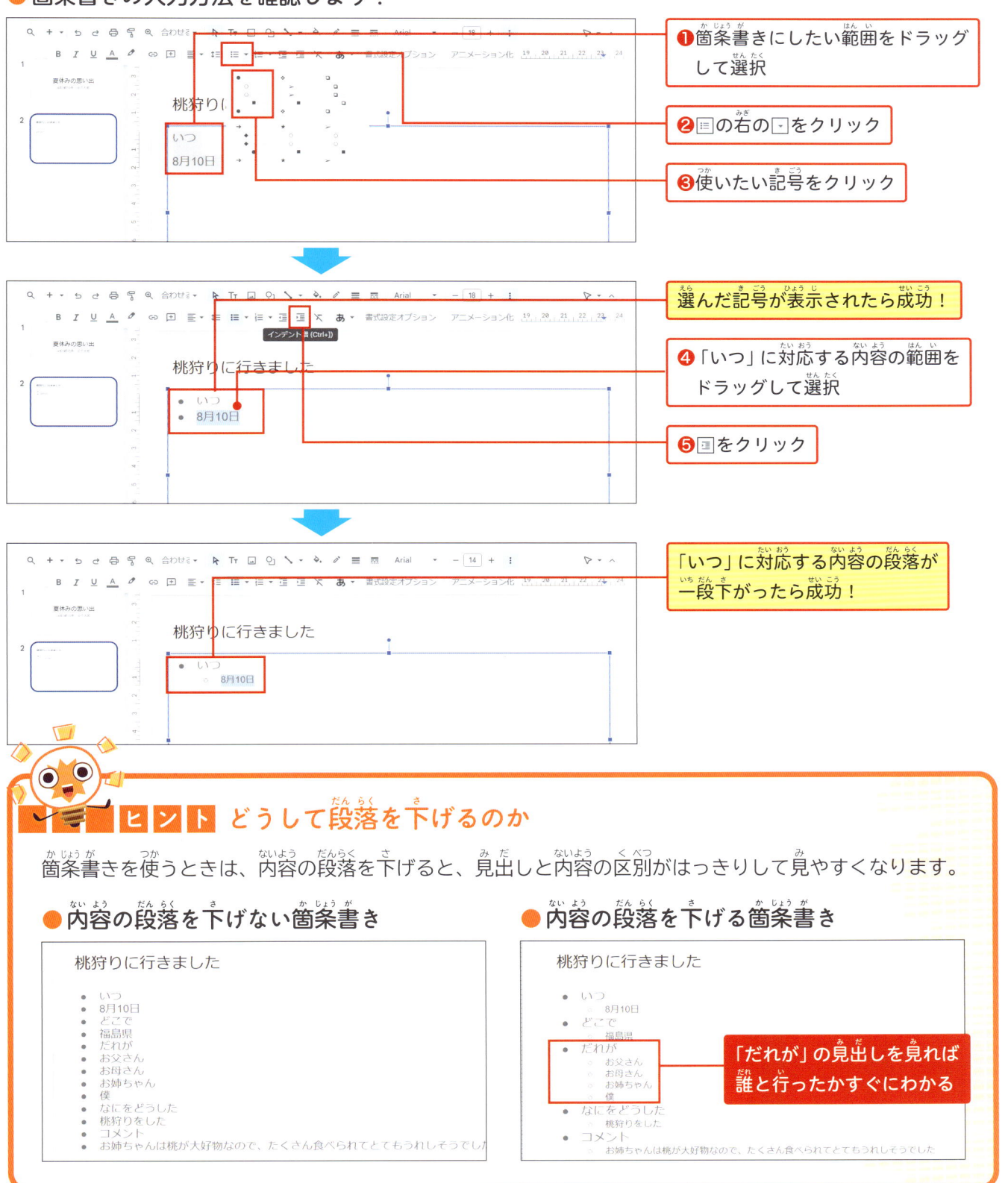

❶ 箇条書きにしたい範囲をドラッグして選択

❷ ☰ の右の ⌄ をクリック

❸ 使いたい記号をクリック

選んだ記号が表示されたら成功！

❹ 「いつ」に対応する内容の範囲をドラッグして選択

❺ ☰ をクリック

「いつ」に対応する内容の段落が一段下がったら成功！

ヒント　どうして段落を下げるのか

箇条書きを使うときは、内容の段落を下げると、見出しと内容の区別がはっきりして見やすくなります。

● 内容の段落を下げない箇条書き

桃狩りに行きました
- いつ
- 8月10日
- どこで
- 福島県
- だれが
- お父さん
- お母さん
- お姉ちゃん
- 僕
- なにをどうした
- 桃狩りをした
- コメント
- お姉ちゃんは桃が大好物なので、たくさん食べられてとてもうれしそうでし

● 内容の段落を下げる箇条書き

桃狩りに行きました
- いつ
  - 8月10日
- どこで
  - 福島県
- だれが
  - お父さん
  - お母さん
  - お姉ちゃん
  - 僕
- なにをどうした
  - 桃狩りをした
- コメント
  - お姉ちゃんは桃が大好物なので、たくさん食べられてとてもうれしそうでした

「だれが」の見出しを見れば誰と行ったかすぐにわかる

レイアウトを変えよう

スライドごとに、文字や写真が見やすいように**レイアウト**を選ぶことができます。レイアウトの変え方を確認しましょう。写真の入れ方は18ページで説明します。

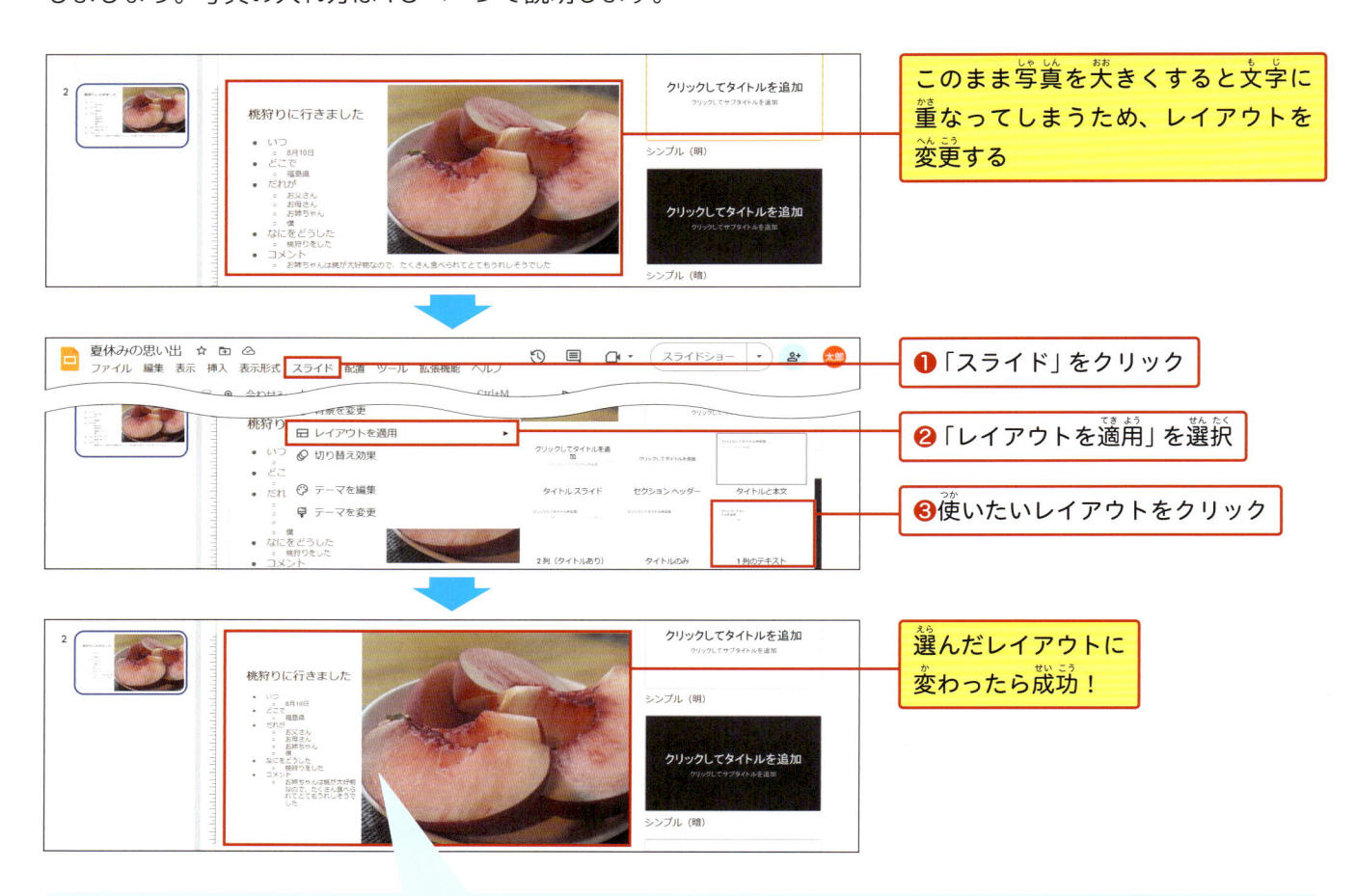

このまま写真を大きくすると文字に重なってしまうため、レイアウトを変更する

❶「スライド」をクリック

❷「レイアウトを適用」を選択

❸使いたいレイアウトをクリック

選んだレイアウトに変わったら成功！

どんなレイアウトがあるか見てみよう！

● 1列のテキスト

● 2列（タイトルあり）

テーマを設定してみよう

　色々なイメージに合わせて、スライドの文字の色やデザインなどがあらかじめ決まっている設定のことを**テーマ**といいます。内容に合わせてテーマを選んで、楽しくプレゼンテーションを作りましょう！

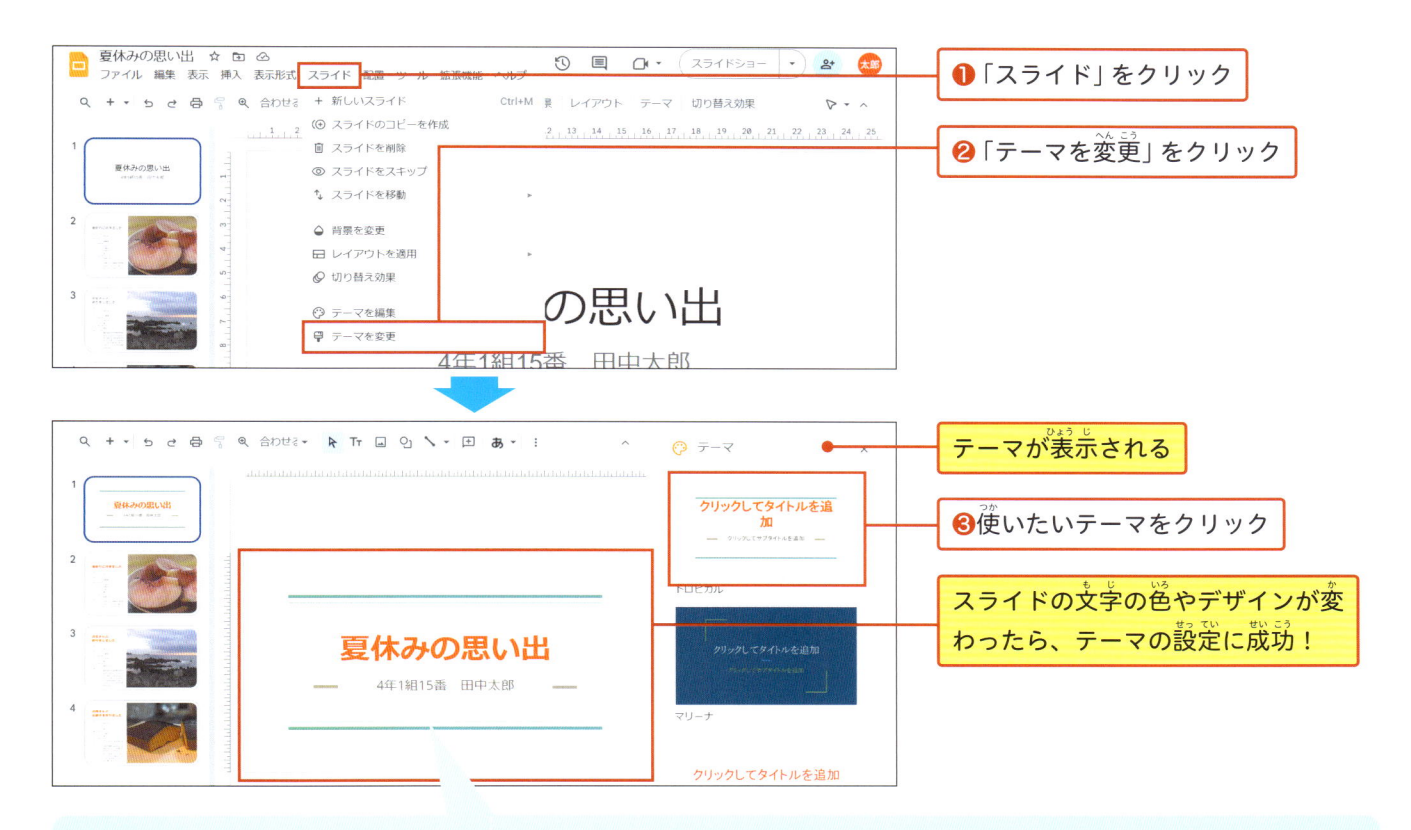

❶「スライド」をクリック

❷「テーマを変更」をクリック

テーマが表示される

❸使いたいテーマをクリック

スライドの文字の色やデザインが変わったら、テーマの設定に成功！

どんなテーマがあるか見てみよう！

●モメンタム

棒グラフや円グラフのようなイラストがちりばめられているテーマ。グラフを使った発表にピッタリ。

●ポップ

黄色と水色の組み合わせのテーマ。カラフルなので、図工やイラストについての発表をするときにピッタリ。

スライドに写真を入れよう

写真を使ったスライドを作ってみましょう！　文字だけではなく写真を使うことで、スライドを見る人に自分の考えをより詳しく伝えられます。また、写真を撮るときの注意も紹介するので、写真を使ったスライドを作る前に確認しましょう。

● 文字だけのスライドと、写真入りのスライドを比べてみよう！

桃狩りに行きました
- いつ
  - 8月10日
- どこで
  - 福島県
- だれが
  - お父さん
  - お母さん
  - お姉ちゃん
  - 僕
- なにをどうした
  - 桃狩りをした
- コメント
  - お姉ちゃんは桃が大好物なので、たくさん食べられてとてもうれしそうでした

桃狩りに行きました
- いつ
  - 8月10日
- どこで
  - 福島県
- だれが
  - お父さん
  - お母ちゃん
  - お姉ちゃん
  - 僕
- なにをどうした
  - 桃狩りをした
- コメント
  - お姉ちゃんは桃が大好物なので、たくさん食べられてとてもうれしそうで

> 写真があると
> 内容が一目でわかるね！

写真を撮って追加しよう

　ここでは、スライドを作っているときに端末で写真を撮り、その写真をスライドに貼り付ける方法を確認します。写真を撮るときは、端末を落とさないように両手でしっかりと持ちましょう。シャッターボタン◉に指が届かない場合は、先生や友だちにボタンを押してもらうか、端末を机の上に置いて撮るようにしましょう。

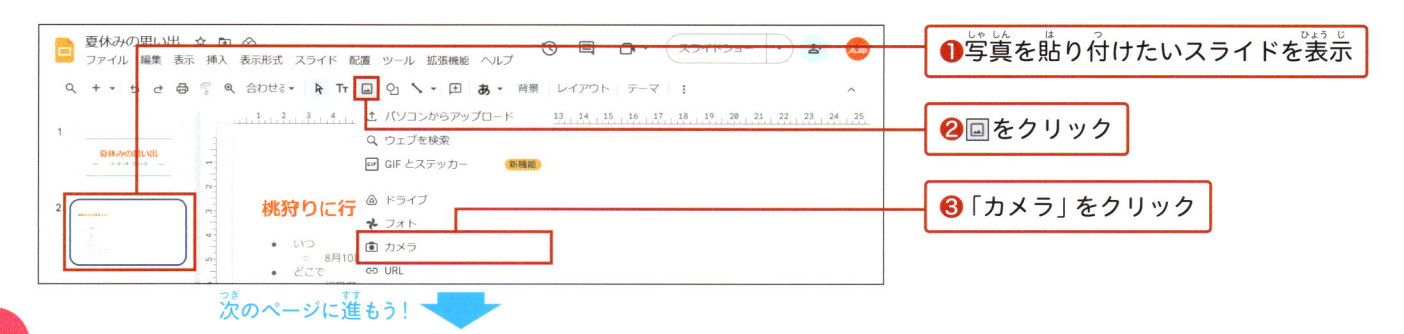

❶ 写真を貼り付けたいスライドを表示

❷ ◉をクリック

❸ 「カメラ」をクリック

次のページに進もう！

▶ ノートパソコン・Chromebook を使っているとき

▶ タブレット（特に iPad）を使っているとき

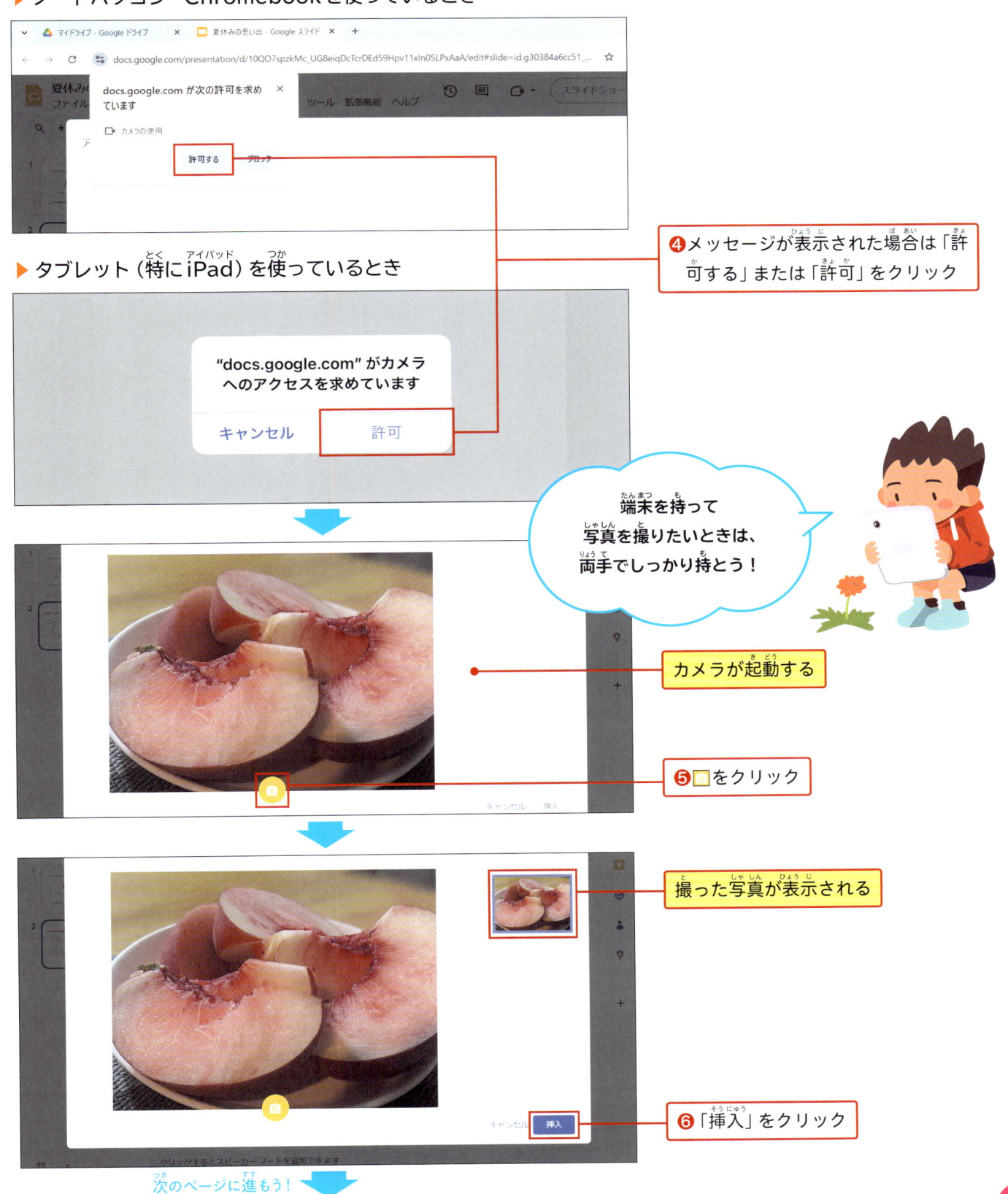

❹メッセージが表示された場合は「許可する」または「許可」をクリック

端末を持って写真を撮りたいときは、両手でしっかり持とう！

カメラが起動する

❺📷 をクリック

撮った写真が表示される

❻「挿入」をクリック

次のページに進もう！

撮影した写真が貼り付けられたら成功！

● 写真の大きさや、場所を変えてみよう！

❶写真の角の▣をドラッグして大きさを調整

❷写真をドラッグして場所を変更

ヒント 写真を撮るときは許可を取ろう！

友だちの顔や、友だちが作った物の写真を使いたい場合は、友だちに許可を取りましょう。許可を取るときは、何を撮るのか、何に使うのかを伝えましょう。

● 許可の取り方を確認しよう！

「プレゼンテーションを作るために、顔と作品の写真を撮ってもいいですか？」と友だちに聞く

スライドショーで発表しよう

プレゼンテーションを使って発表をしましょう！ 発表するときは、**スライドショー**と呼ばれる表示方法を使います。ここではスライドショーの始め方と、発表を見る人が楽しくなるようなスライドショーの工夫を紹介します。

● プレゼンテーションを作る画面とスライドショーの画面を比べてみよう！

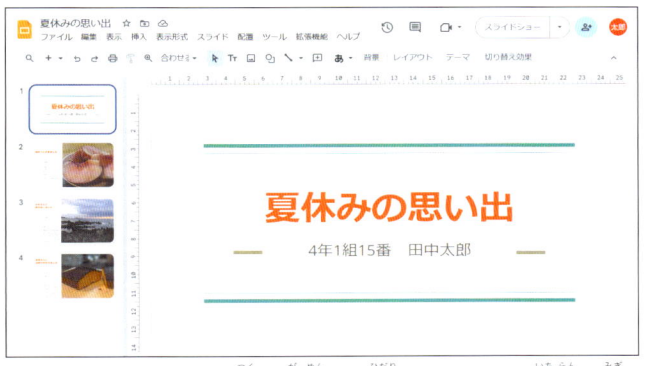

プレゼンテーションを作る画面は、左にスライドの一覧、右に選択しているスライドが表示される。

スライドショーを使うと、画面全体を使ってスライドが表示される。

スライドショーを使おう

　発表の進め方に合わせて、スライドショーの基本的な操作を確認します。スライドショーの始め方、次のスライドを表示する方法、スライドショーの終わらせ方をマスターしましょう。

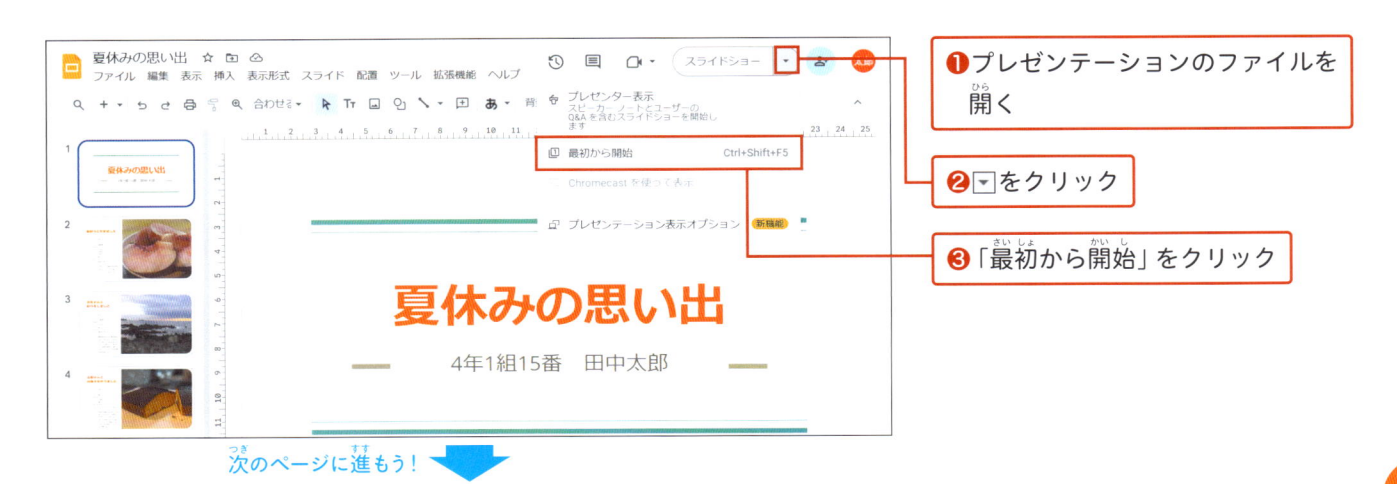

❶ プレゼンテーションのファイルを開く

❷ ▼ をクリック

❸「最初から開始」をクリック

次のページに進もう！

最初のスライドが画面全体に表示されたら開始成功！

❹スライドをクリックして切り替え

次のスライドが表示されたら切り替え成功！

▶ ノートパソコン・Chromebook を使っているとき

❺一番最後のスライドまで表示したら、エスケープキー（「esc」と書かれたキー）を押してスライドショーを終わらせる

▶ タブレット（特にiPad）を使っているとき

❺画面をダブルタップし、⊠をタップしてスライドショーを終わらせる

楽しく発表
できたかな？

★チャレンジ★ 切り替え効果を設定しよう！

切り替え効果を設定すると、次のスライドを表示するときにゆっくり表示させたり、横から表示させたりすることができます。切り替え効果を設定して、発表を楽しく見てもらいましょう。

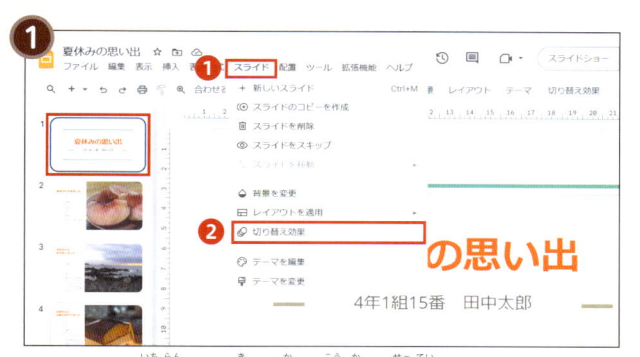

スライドの一覧から切り替え効果を設定するスライドをクリックして選択。その後、❶、❷の順にクリック。

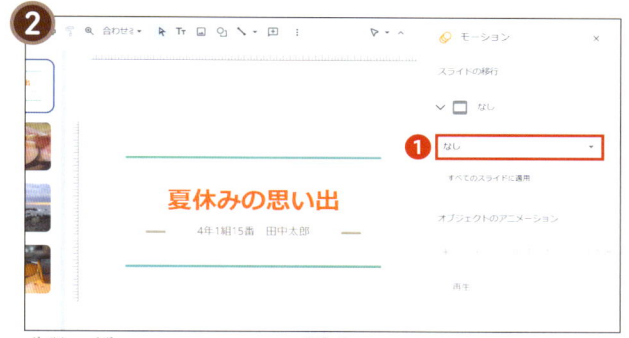

画面の右に「モーション」が表示される。❶をクリック。

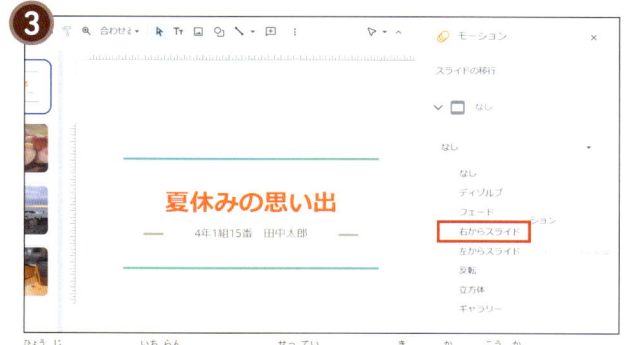

表示された一覧のうち、設定したい切り替え効果をクリック。

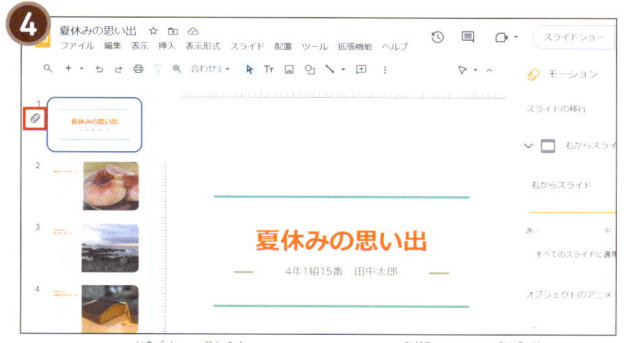

スライドの一覧で選択したスライドの左に◎が表示されたら、切り替え効果の設定完了！

スプレッドシートを作ろう

スプレッドシートを使うと、表やグラフを作ることができます。作った表やグラフは、ドキュメントやスライドに貼り付けることもできます。スプレッドシートを使って情報をわかりやすくまとめましょう！

● マスターして、表やグラフを作ろう！

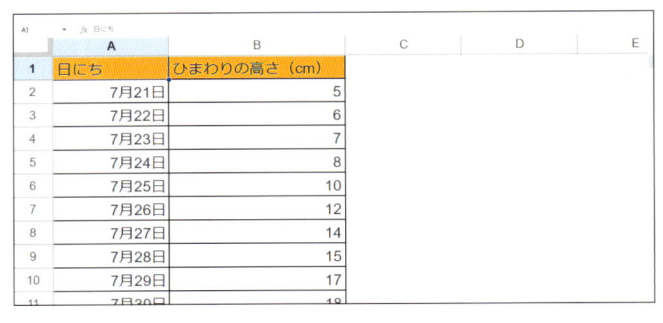
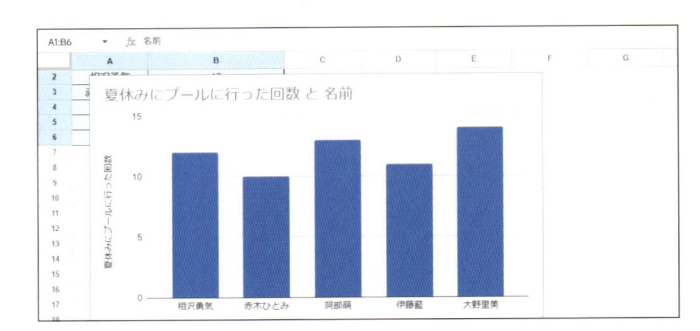

スプレッドシートの画面を確認しよう

　まずはスプレッドシートの画面を見てみましょう。スプレッドシートは、ノートのようにマス目になっています。このマスのことを**セル**といいます。セルの他に、スプレッドシートの画面に何があるか確認しましょう。

スプレッドシートは
5ページを見ながら
作ってみよう！

❶ 5ページの手順で、スプレッドシートのファイルを作る

❷ ドライブを開く

❸ 「マイドライブ」をクリック

❹ スプレッドシートをダブルクリック

次のページに進もう！

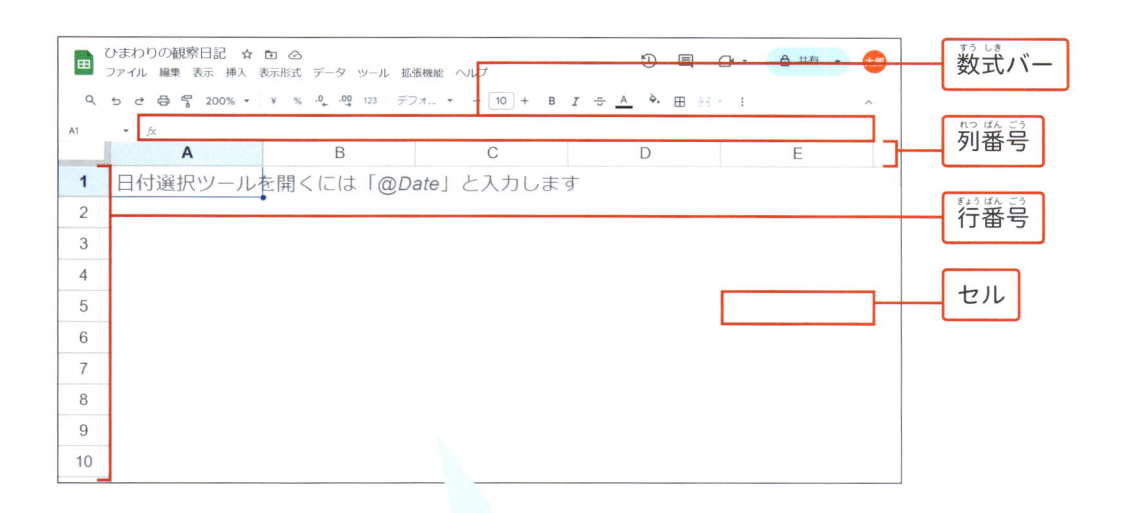

数式バー

列番号

行番号

セル

セル以外に何があるか見てみよう！

● 数式バー

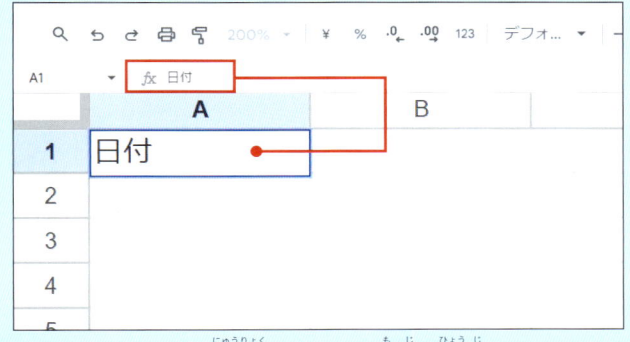

クリックしたセルに入力されている文字が表示される。

● 列番号

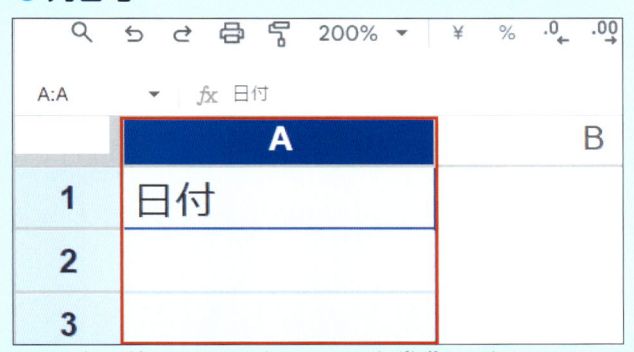

セルを縦に並べたものを列という。列番号は、列につけられた名前のこと。「A列、B列……」とアルファベットで呼ぶ。

● 行番号

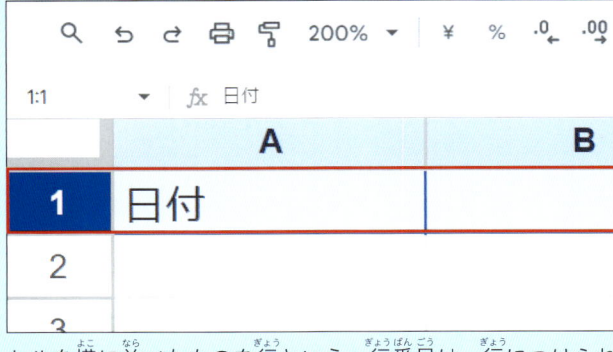

セルを横に並べたものを行という。行番号は、行につけられた名前のこと。「1行目、2行目……」と数字で呼ぶ。

列番号はアルファベットで呼ぶんだね。

表を作ろう

スプレッドシートで表を作って、データを記録しましょう！ 表を作るときは、最初に「表を作って何を知りたいのか」を決めることが大切です。知りたいことに合わせて、表を作っていきましょう。

● 夏休みの宿題で育てたひまわりが、毎日どれくらい成長したかわかる表を作ろう！

	A	B	C	D	E
1	日にち	ひまわりの高さ（cm）			
2	7月21日	5			
3	7月22日	6			
4	7月23日	7			
5	7月24日	8			
6	7月25日	10			
7	7月26日	12			
8	7月27日	14			

この表を作るよ！

表の見出しを作ろう

表を作るときは、まず、**見出し**を作りましょう！ 表の列や行の先頭には、その列や行に何を入力すればいいのかわかるように見出しがあると便利です。表の見出しを入力したら、表の枠線や塗りつぶしの設定、列の幅の変更もやってみましょう！

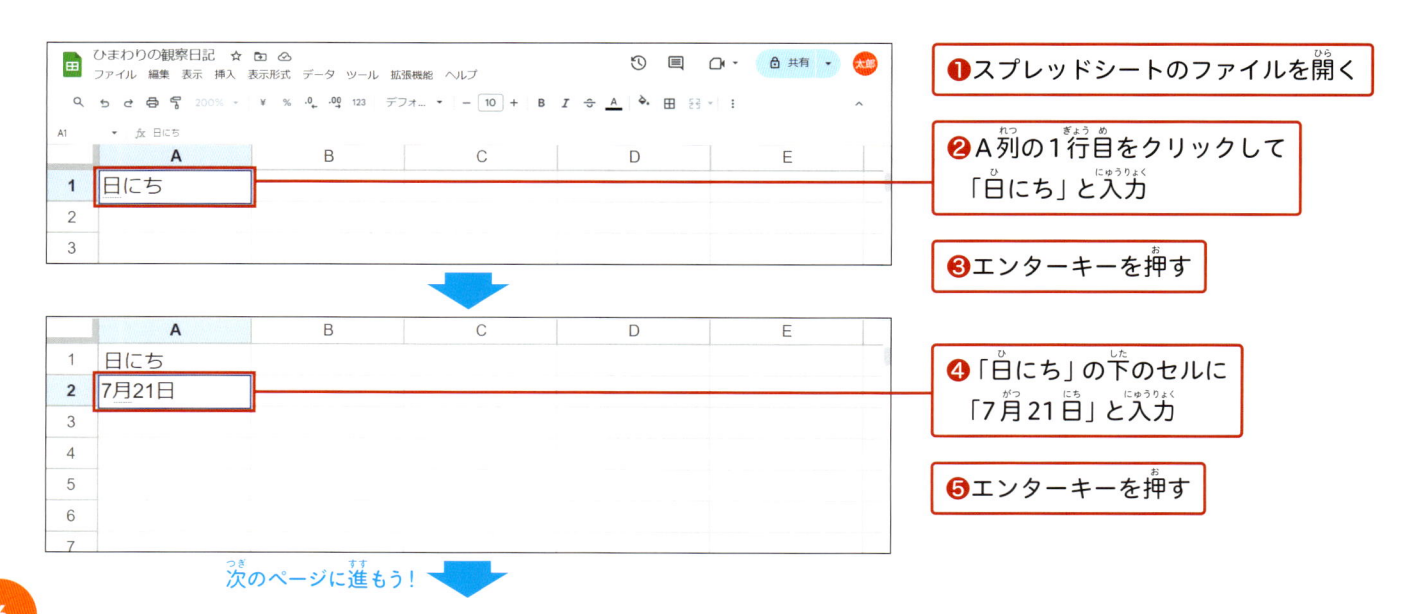

❶ スプレッドシートのファイルを開く

❷ A列の1行目をクリックして「日にち」と入力

❸ エンターキーを押す

❹ 「日にち」の下のセルに「7月21日」と入力

❺ エンターキーを押す

次のページに進もう！

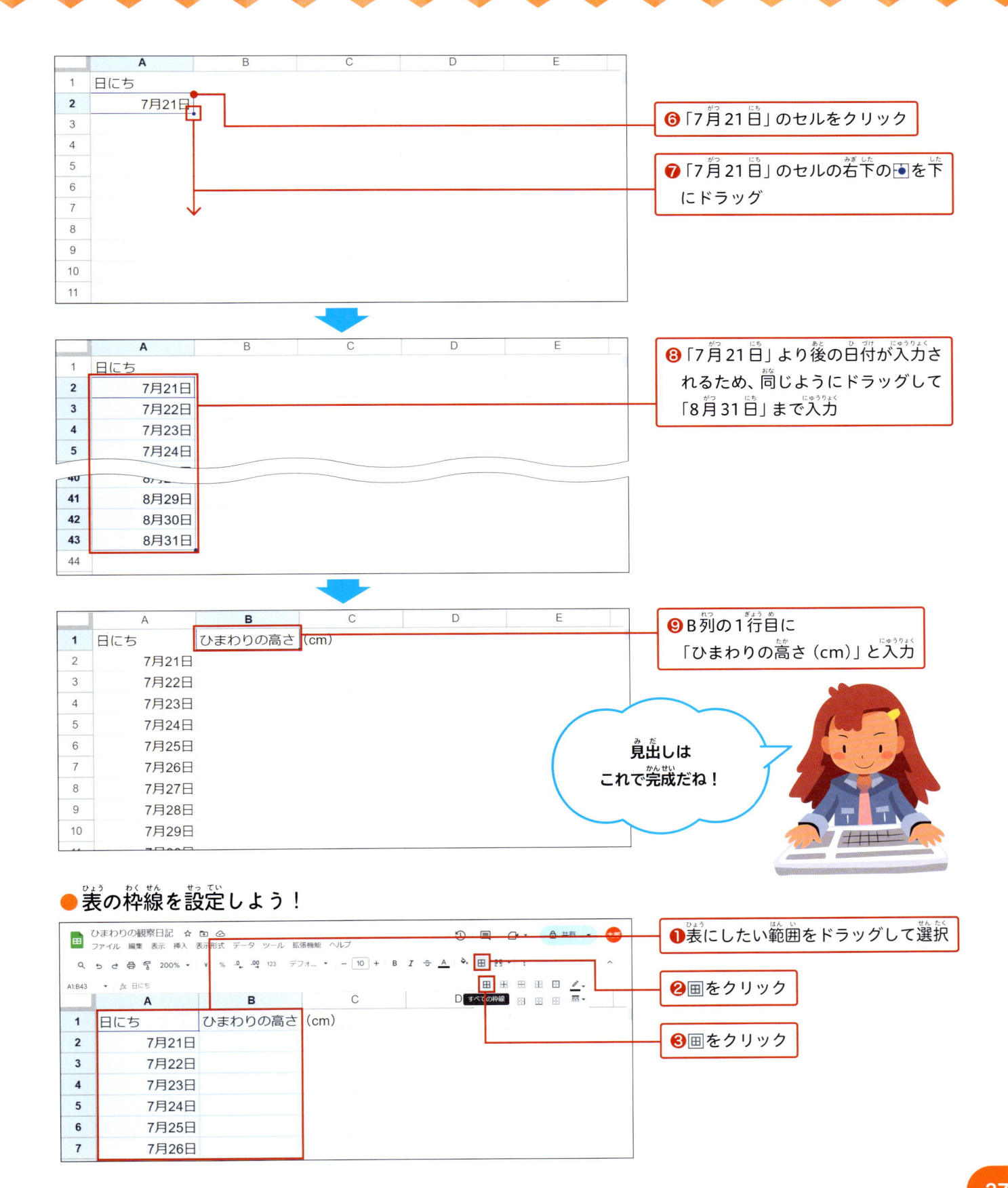

❻「7月21日」のセルをクリック

❼「7月21日」のセルの右下の■を下にドラッグ

❽「7月21日」より後の日付が入力されるため、同じようにドラッグして「8月31日」まで入力

❾B列の1行目に「ひまわりの高さ（cm）」と入力

見出しは
これで完成だね！

● 表の枠線を設定しよう！

❶表にしたい範囲をドラッグして選択

❷田をクリック

❸田をクリック

● セルを塗りつぶそう！

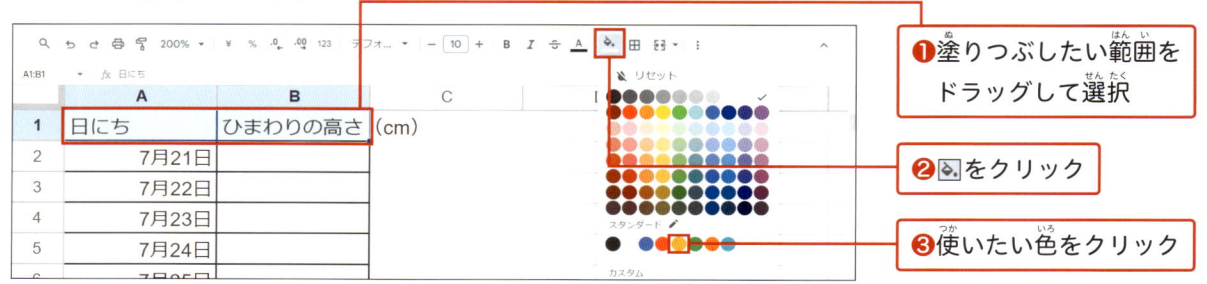

❶塗りつぶしたい範囲をドラッグして選択

❷ をクリック

❸使いたい色をクリック

● 列の幅を変えよう！

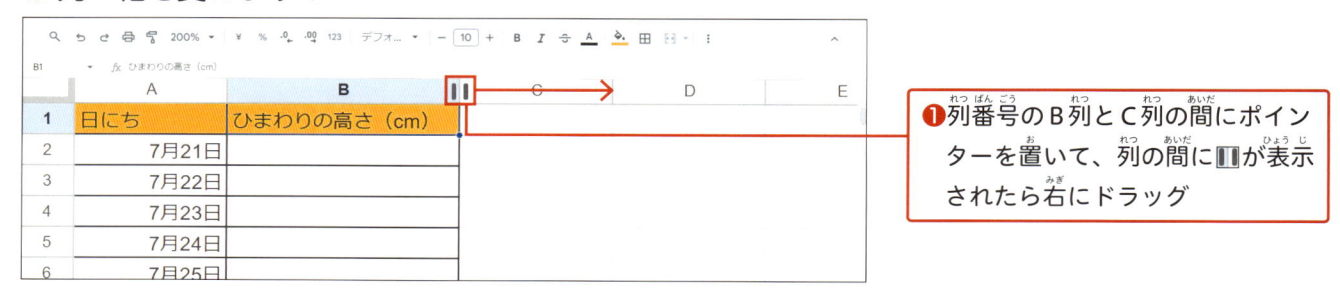

❶列番号のＢ列とＣ列の間にポインターを置いて、列の間に が表示されたら右にドラッグ

データを記録しよう

見出しを作ったら、いよいよデータを記録しましょう！　データを記録するときは、列と行の見出しを確認することが大切です

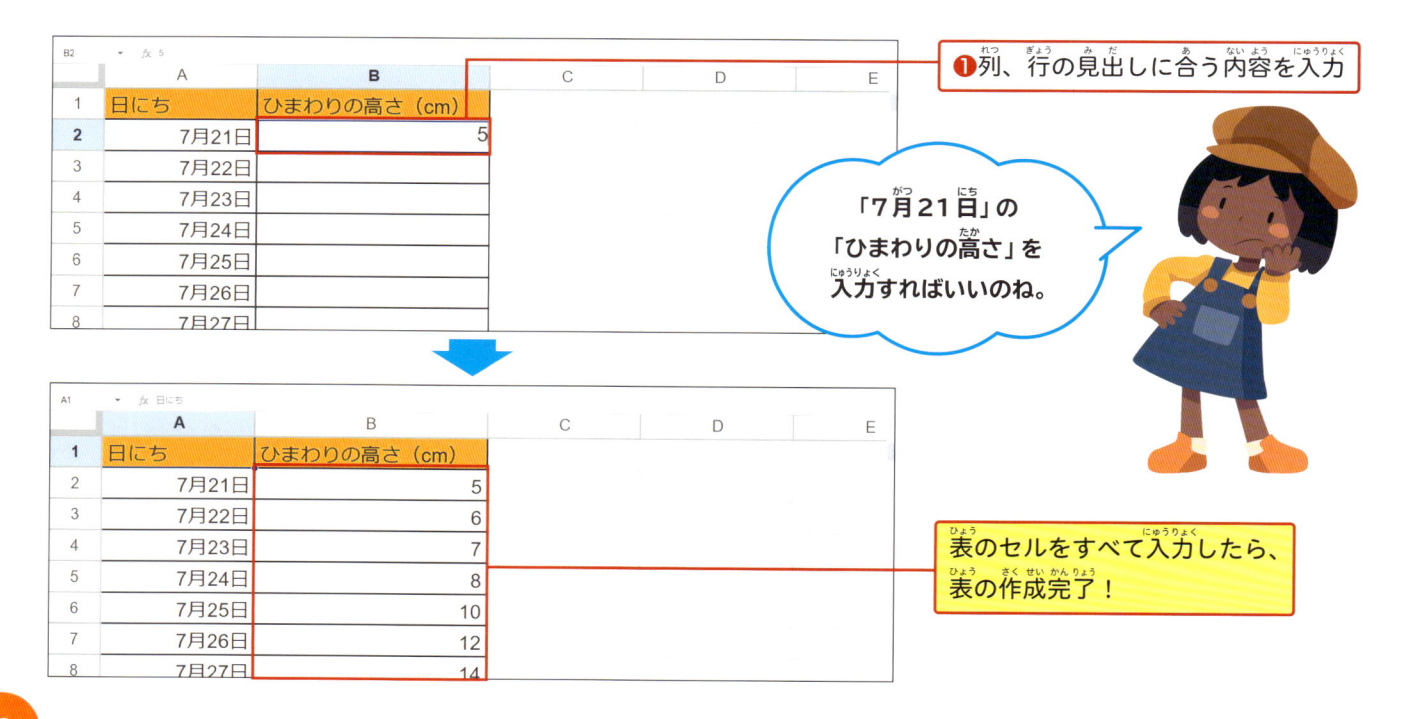

❶列、行の見出しに合う内容を入力

「7月21日」の「ひまわりの高さ」を入力すればいいのね。

表のセルをすべて入力したら、表の作成完了！

グラフを作ってみよう

スプレッドシートの表を使って、グラフを作ってみましょう！ グラフにすることによって、データの大小や変化といった、表ではわかりづらいことを読み取れるようになります。

● 次の左の表をもとに、右のグラフを作ろう！

	A	B	C
1	名前	夏休みにプールに行った回数	
2	相沢勇気	12	
3	赤木ひとみ	10	
4	阿部萌	13	
5	伊藤藍	11	
6	大野里美	14	
7			
8			

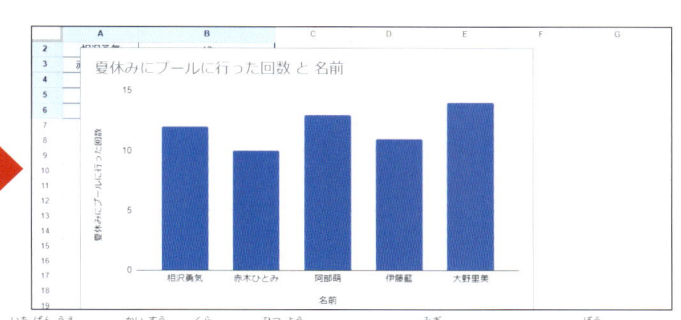

プールに行った回数が一番多い人を知りたいときに、左の表では一番上から回数を比べる必要があるが、右のグラフでは棒グラフが一番長い人を確認すればすぐにわかる。

グラフを作ろう

　スプレッドシートでは、表の範囲を選択するだけで、すぐにグラフを作ることができます。ただし、表によっては作りたいグラフと違う種類のグラフが表示されることがあります。そのときはグラフエディタを使って、グラフの設定を変えましょう！

● 棒グラフを作ってみよう！

	A	B	C	D
1	名前	夏休みにプールに行った回数		
2	相沢勇気	12		
3	赤木ひとみ	10		
4	阿部萌	13		
5	伊藤藍	11		
6	大野里美	14		
7				
8				
9				
10				

❶グラフのもととなる表を準備

❷グラフにしたい部分を、見出しも一緒にドラッグして選択

次のページに進もう！ ➡

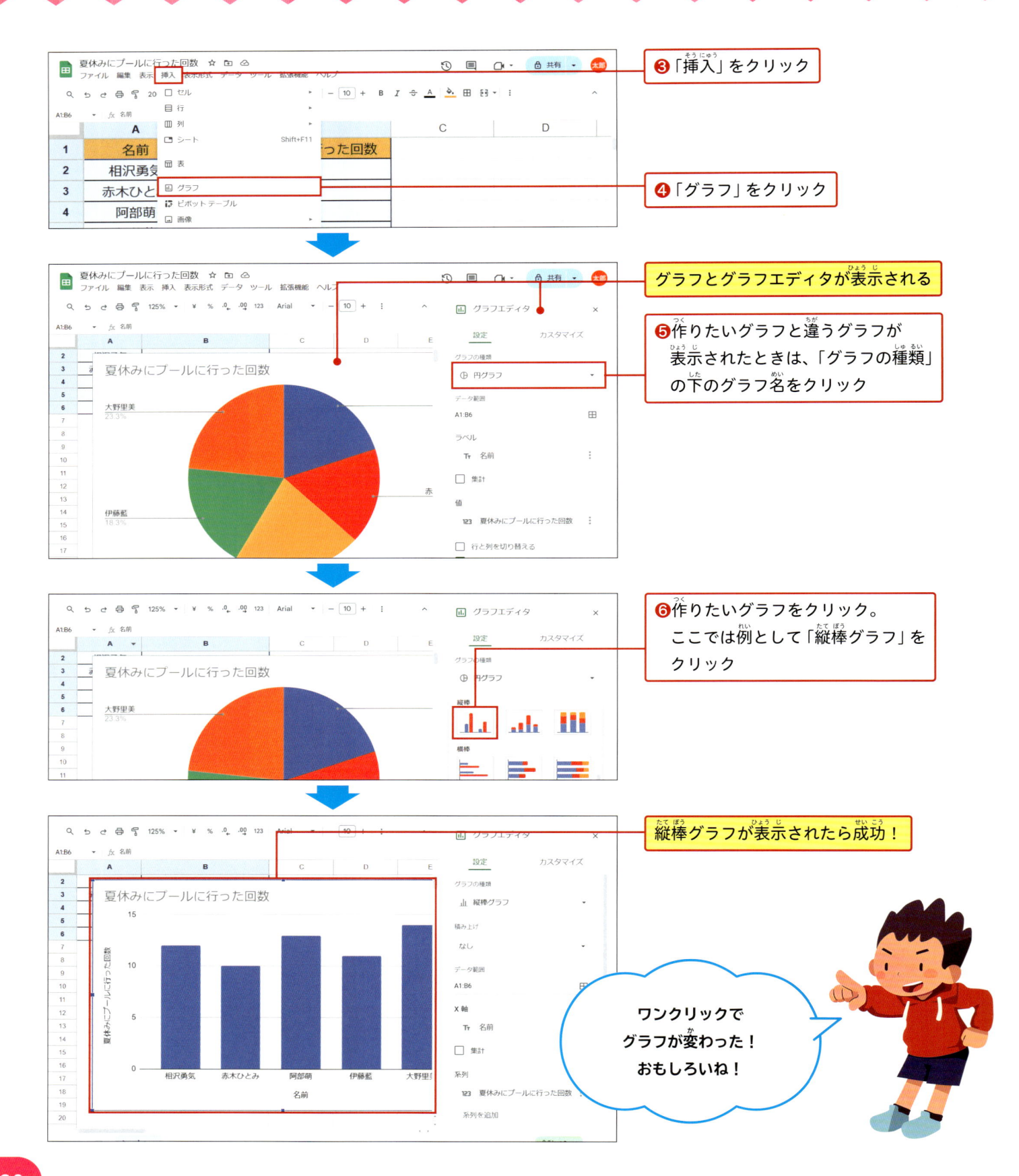

❸「挿入」をクリック

❹「グラフ」をクリック

グラフとグラフエディタが表示される

❺作りたいグラフと違うグラフが
表示されたときは、「グラフの種類」
の下のグラフ名をクリック

❻作りたいグラフをクリック。
ここでは例として「縦棒グラフ」を
クリック

縦棒グラフが表示されたら成功！

ワンクリックで
グラフが変わった！
おもしろいね！

30

スライドの「挿入」という機能を使うと、スプレッドシートで作ったグラフをスライドに貼り付けることができます。貼り付ける方法を確認して、グラフ入りのスライドを使って発表してみましょう！

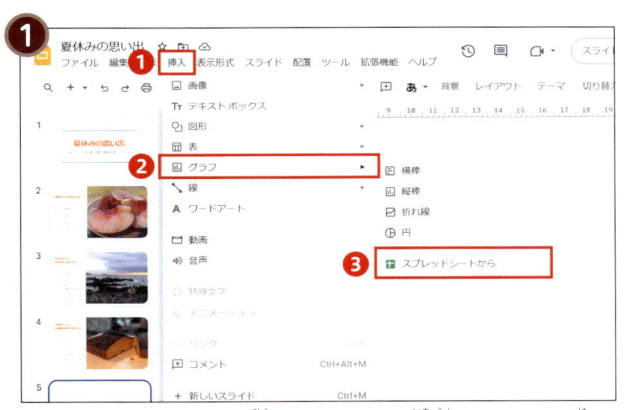

プレゼンテーションを開く。スライド一覧でグラフを貼り付けたいスライドをクリック。その後、❶、❷、❸の順番にクリック。

❶「マイドライブ」をクリック。
❷貼り付けたいグラフのあるファイルをクリック。
❸「挿入」をクリック。

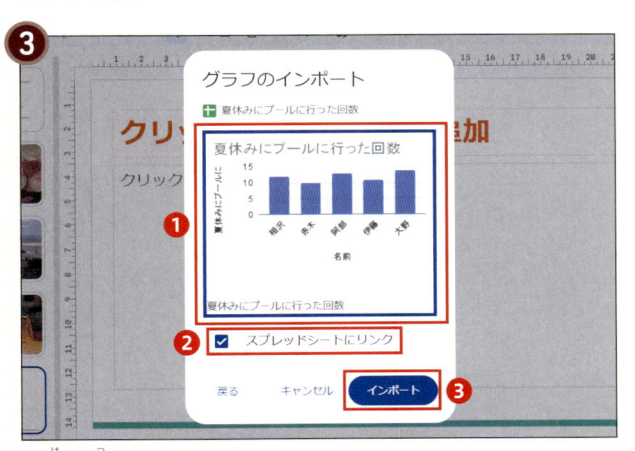

❶貼り付けたいグラフをクリック。
❷「スプレッドシートにリンク」にチェックが入っていると、グラフのもとになった表のデータが変わったときに、スライドに貼り付けたグラフも変えることができる。変えたくないときは、「スプレッドシートにリンク」をクリックして、チェックを外す。
❸「インポート」をクリック。

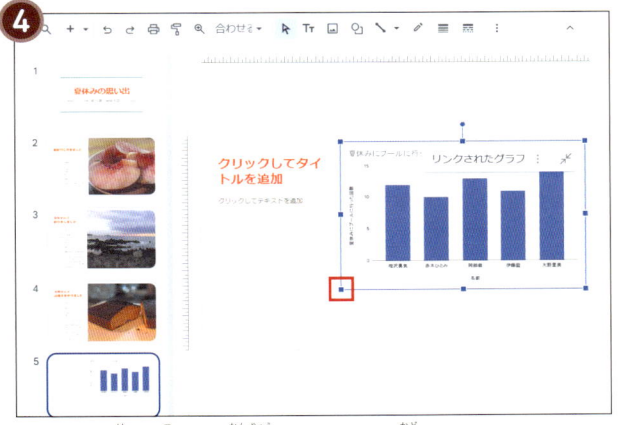

グラフの貼り付けが完了！ グラフの角の■をドラッグして大きさを調整したり、グラフをドラッグして場所を変えたりしよう！

● さくいん

監修 鈴谷大輔（すずやだいすけ）

埼玉県公立小学校教諭。特定非営利活動法人タイプティー代表理事。子どもも先生もワクワクしながらプログラミング教育に取り組める国にすることをミッションとして活動中。プログラミング教育関連のイベント運営に複数携わる。放送大学「Scratch プログラミング指導法」ゲスト出演。

● 特定非営利活動法人タイプティー
- ・ホームページ：https://typet.jp/
- ・YouTube チャンネル：https://www.youtube.com/@typetedu

● 個人の YouTube チャンネル（GIGA ブートキャンプ）
https://www.youtube.com/@gigabc

文	リブロワークス
絵	サナダシン
編集	リブロワークス
装丁・本文デザイン	風間篤士（リブロワークス・デザイン室）

自分でできる！めざせ！
Google Workspace for Education マスター
② Google ドキュメント™、Google スライド™ ほか

2025年1月 初版第1刷発行

発行者	三谷光
発行所	株式会社汐文社
	〒102-0071
	東京都千代田区富士見 1-6-1
	TEL 03 (6862) 5200
	FAX 03 (6862) 5202
	https://www.choubunsha.com
印刷	新星社西川印刷株式会社
製本	東京美術紙工協業組合

©LibroWorks
ISBN978-4-8113-3198-0
乱丁・落丁本はお取替えいたします。
ご意見・ご感想は read@choubunsha.com までお寄せください。